거울의 바깥

시와문화 시집 63

거울의 바깥

박시영 시집

시와문화

■시인의 말

이 말들이
다 어디서 흘러왔을까.
한 그릇 가득 고인 말들을
흘려보낸다.
어쩌면
마른 흙을 적시기도 하리라.

2022년 여름

박시영

|차례|

2부 : 안부를 묻지 않는다

3부 : 그때 우리, 무슨 짓을 한 거야

4부 : 겨울 빛에 곁을 내어주다

1부

비를 피하는 우리의 시간

한 줌의 심장

푸르스름한 하늘에 뜬 흰 달
빠르게 지나가는 먹빛 구름, 나무들

푸른 행성에 기생하여
우주를 떠도는 한 줌 심장들이지

바람의 이빨을 지닌 날카로운 순간들

차창 너머 소리 없이 떠가는 풍경이나
삶은 닭을 뜯고 있는 식탁의 침묵 속으로
고양이처럼 얼굴을 묻지

어스름 국도를 지날 때 보았지

저물녘의 맥박을 닮은 것들
뒤척이는 자에겐 유효한 길이 되는

차가운 피 온몸을 감싸고
붉은 신호등 켜지고
우주 한 모퉁이 무너짐처럼

그것들, 꽃이 될 수 있는가

물렁한 한 움큼의 심장에
손을 대 볼 때마다

비행운

껍데기의 요일이 급히 달려가고
휴일의 사람들은 문득 발을 잃는다

아파트와 검은 전선들 사이
하늘에 선명한 비행운 한 줄

흐릿해지다가 보이지 않는다
한 있음이 사라진다

이곳에 있지 않은 자의 시선으로
풍경에 셔터를 누르는 일

시선이 닿고 싶은 곳은 어디일까

우루루 점으로 흩어지는
겨울 빈 들의 참새 떼 같은

아무도 없고, 아무것도 없다고
손짓하는 지평선 끝을 바라보면

저물 무렵 수채화 풍의 슬픔들

끝내 거기서 벗어나지 못하는 것을

한낮의 은유

봄날이 급하게 떠나간다

미처 만져보지 못한 여리디여린
나무를 떠난 꽃잎들 잊혀지고

봄날은 꿈같은 한낮의 은유를
파스텔 톤으로 펼쳐 보인다

바람이 물결을 밀고
물결이 벚나무를 향해 달려오고
호수는 떠나는 꽃잎들 정갈하게 띄워준다

꽃 터널 속, 지나가는 승용차 뒤
남은 매연이 오래 꽃길을 떠돌 때

벌들의 군무가 잠시 멈추고
고요 속에 목 놓아 꽃비가 운다

꽃비 속에선 우산을 쓰지 않아도 젖지 않는다

터널의 끝, 오던 길 돌아보면
하늘빛이 먼 길을 열고 있다

이방의 눈빛으로 남아

그날, 도시의 사람들은
일찌감치 문을 잠그고 오지 않는 잠을 청했다

한 생이 다하도록
웅크린 자세를 풀지 못하는
우주 속 태아처럼

시간이 흐른 뒤에도 가려진
대물림되는 허기 속에서 아이들은
이방의 눈빛을 학습하는 줄도 몰랐다

반복되는 노역이 쌓아 올린
모래탑의 정상을 바라보며
몇 권의 식량을 담아 도서관으로 향했다

흐릿해진 희망의 조감도 아래
산타의 불빛만 반짝이는 도시 우체국 앞
프리허그 체온을 나눠 갖는 긴 줄의 의식

그들은 서로에게서 총상의 흔적을

함께 견딘 금남로의 눈빛을 나누었다

골목의 시간들은 느리게 지나갔고
힐링이 필요한 허기진 도시에
흰 눈은 소리도 없이 쌓이고 있었다

유예되는 그들의 바램들이
묻히어 가듯
멀어져 가듯

떼까마귀

빈들을 가로지른 전깃줄 위
나란히 앉은 검은 까마귀 떼

묵은 달력을 떼어낼 때
청춘은 시험에 자꾸만 흩어질 때
까마귀가 울었다

가난한 연애를 하는 후배와 밥을 먹고
조수석에 조는 햇빛을 싣고 돌아오면
그들의 연애는 조금도 궁금하지 않고

벼 밑동만 남은 논바닥
체온 잃은 덤불들 바스락대는 소리

한적한 국도변의 행복 요양원
내 어머니의 가벼워진 몸이
침대 위에서 하루를 보내는 곳

누굴 배웅하는 건지
역광을 받은 백발의 갈대가

나를 보며 자꾸 손짓을 한다

빈들의 바람 달려오고
까 아 아 악 아 아 악
내 몫의 죄가 따라 붙는다

나무 가족

창백한 수피의 배롱나무
온몸 비틀어 흘려낸 수액

붉은 꽃으로 흐르는 계절
가까운 나무들이 어둡다

계절의 자취를 거슬러 올라
안개의 지도를 그리는 건
놓았던 수를 푸는 일 같아

사랑이든 이데올로기든
지난날의 순수주의는 부끄럽고

징검징검 소리의 개울을 건널 때
벚꽃은 꿈처럼 피어난다

흩날리다가 돌무더기 사이
함부로 쌓이는 새의 깃털처럼

다만 봄날의 산책일 뿐인데

덤불 속 오목눈이 일가의
고단한 비행이 아파온다

점묘화 풍의 광장

발목은 여전히 치유광장 쪽으로만 향한다

언 강물도 흐르는데
문을 꽁꽁 닫아걸고
제 내력만 골똘히 바라보는 발목

느티나무의 점묘화 풍 이파리가
하늘을 반쯤 가리는 곳
햇빛 알갱이 흩뿌려진 길 걸으면

햇살과 그늘은 늘 함께여서
봄날 연두의 생애만큼
이곳은 아픈 꿈이다

잎 피우려 춤추었을 뿐인데
삭이는 매운 마음, 벌건 통증

편백나무 숲 벤치 위
바람에 잎들이 쏟아지는 소리
하늘을 열어놓는 새소리

발아래 녹아 어룽지는 마음들
봄날은 남은 물기를 마저 말린다

사내와 별

한때, 사과나무와 별을 키우던 사내

진줏빛 향기를 품은 사과꽃
길들지 않은 그의 심장을 기억한다

캔버스에 획을 긋던 잔뼈 굵은 손으로
그는 둥글게 술잔을 말아 쥔다

성마른 계절이 할퀴고 간 자국들

사과나무가 고사하자
붓과 물감에서 윤기가 사라졌다고

이제껏 살면서 기댈 만한 게
제 안의 해진 풍경밖에 없다는

그는 이제 사과 마을 대신
바다가 보이는 곳에 혼자 산다 했다

사내의 유일한 딸 이름

별이 저 혼자 흘러 다니는

소금기 아려오는 도화마을 해변이었다

임계점

벗은 가지 위에 연둣빛 소복한데 낮은 곳에서 소리 없이 피어나는 흰보라 개불알꽃 너는 정주하지 않는 유목민 같아 만남은 자꾸 비켜간다 허전한 발목들 제 안의 숲으로 흘러 들어와 초목 사이 바람의 손목 잡고 빠져 나갈 때 숲속에 남겨진 마른 덤불 같은 문장 뒤로 숨어버린 슬픔도, 뼈만 남은 언어의 등뼈도, 두고 온 사람의 뒷모습만 같다 초목은 연둣빛으로 살랑거리고 젖은 슬픔이 커피 한 잔의 온기로 날개를 데우면 사막에 눈 내리고 동토에 폭염이 쏟아져도 임계점의 시간은 자꾸만 유예되고 만다

종이꽃

엄마 안 와? 열다섯의 아이는 오후 세 시의 엄마를 순하게 기다린다 하루 여섯 시간을 특수학급에 머무는 소녀는 식판의 음식에 코를 대고 킁킁거리다가 손가락에 묻은 음식까지 말끔하게 해치운다

지루해진 오후 시간, 손톱으로 할퀴듯 머릿속에 피가 고이는 울음소리 복도까지 흥건해지고 나서야 해맑은 표정이 된다 엄마가 손질해준 하얀 교복을 입고 다소곳하게 책상에 앉아 한 페이지 가득 한자漢子를 꾹꾹 눌러 그린다 오줌 마려워! 골판지 안 해?

엄마를 위한 골판지 꽃을 소중히 담아가는 소녀와 종이꽃을 하염없이 모으는 엄마, 몇 개의 문장만으로 생을 살아가는 모녀와의 동행이 끝나는 날, 메타세콰이아 가지 위로 흰 눈이 내린다 소녀의 말이 눈발 되어 흩어지는 허공을 울음소리 건너가고 있었다

붉은 울음

우리에 갇힌 짐승의 냄새가
유령처럼 마을을 점령한 곳

빈 마을 지붕이 검붉게 그을린다

쉬이 닿지 않은 빛의 하늘
수천 파도의 얼굴을 지닌 바다

그 둘이 맞닿은 곳으로
배를 내어 밀어 본다

꿈속에서 꿈을 꾸는 시간
땅을 짓던 사람들 떠나간 자리

절정의 아름다움도
가장 무심한 순간임을 은유하듯

수평선은 반복해 무너지고
사무치는 노을 울혈을 토해낸다

수평선 지나 하늘빛 받으며
배 들어오는 꿈 놓지 않는다

붉은 울음 받아낸 물결
잔잔해질 때까지

거울의 바깥에서

낡은 거울을 오래 닦은 후에 안다

살아 있는 줄만 알았던 시간
어린 날 해마다 조사하던 장래 희망
연필은 많이도 서성거렸지

견고한 태양 쪽으로 줄 서는 일
끝없이 불씨를 살리는 차가운 걸음이었다

깨진 거울 속에 펼쳐진
풍경의 균열 사이로
강과 바다에서 동그랗게 자라난
오래된 어둠 물안개로 퍼져나갔다

비를 피하는 우리의 시간은
꿈의 날개가 부려놓고 앞서간
해진 신발이 뿌려놓은 씨앗들
질척한 땅 깊숙이 죽은 듯 엎드렸을 뿐

어느 때인가 깊은 물이 침묵에 이르듯

우산 아래 흩어져간 빗물로 걷는 길
촉촉한 대지는 연둣빛 풍경 피워 올리고

낡아서 맑아진 얼굴 하나
긴 겨울의 슬픔이 얼려놓은 강을 두드려
수줍고 단단해진 근육으로
오고가는 계절 초록이 주름지는

2부

안부를 묻지 않는다

모래모래

생활은 새어나오는 모래를
쓸어내는 일이다

시원한 커피를 드릴까요
폭염은 에어컨 기사를 집으로 불러들이고

고요 속에 훅 들어온
모래사람들 지나간 뒤
바닥에 흘러내린 모래를 쓸어낸다

꿈과 꿈 사이에 생활이 있고
주차장 기둥에 차의 옆구리가 긁히고
어수선한 잠은
꿈으로 돌아가지 못한다

쓸어내도 단단히 뭉쳐놓아도
차가운 틈으로 새어나오는
모래 위에 눕는다

오늘과 비슷할 내일의 꿈이 있고

그 꿈속에 들어가지 못하여

잠과 잠 사이, 꿈으로도 채우지 못하는

카프카의 불안

일찍 일어나는 새가 벌레를 잡듯
깨어 있지 않으면 도달할 수 없지

자판 위의 커서는 초조하게 깜박인다
쓰고 있지 못해서가 아니다
오히려 추방된 자의 독한 결기다

현실이 아닌 이미지의 공간
아무것 없는 빈 금기의 영토에 성큼
들어선 자의 기대지 못한 불안이다

가나안 쪽 약속의 땅을 찾든가
꿈속 같은 환영의 땅을 받아들이든가

그는 밤과 새벽 사이에 끼어 있다
온전한 어른이 못되어 찢겨 있다

고독한 항해의 밤, 반짝임을 쫓는
그를 위한 다정한 세계는 없었다

꽂히는 한 문장 발굴하려는
영원히 널 만나지 못한다면
이 세상은 무채색이야, 선언하는

젖은 꽃

비가 내린다

이국의 경작지에 몸을 부린
이어링이 빛나는 외국인 노동자

식료품 가득 담은 비닐봉지
오토바이에 싣고 달린다

소소한 행복이 봉인된 희망을 꿈꾼다

매트릭스에 갇혀 서로의 가시에
수없이 찔려온 늙은 내국인 노동자

비가 오는데 낙엽처럼 젖고 있다

낯선 그들은 서로 닮아 있다
이곳에 안정된 정착을 꿈꿨다는 것

처음부터 도착할 곳이 없음을
빈 손바닥 펴 확인하는 자리

어딘가에 소속된다는 건
한정된 목적지를 함께 향한다는 것

비는 오는데 젖은 꽃들 어디로 가지

돌의 틈새

너덜겅 숲길에 들어섰다
흘러든 수많은 돌의 운명처럼

포개진 돌의 틈새에는
돌의 태 자리가 살고 있었다

눈 맞추지 않는 돌
입술을 닫은 돌
말을 알아듣지 못하는 돌

거칠고 못생긴 돌을 모아
물을 주고 창가 햇살에 놓아두었다

음습하고 차가운 바람 품고
돌 틈에 엎드려 혼자 우는 태자리

오래오래 손길을 주었다
돌 속으로 손길은 들어갈 수 없었다
돌과 태 자리 위에 마음을 얹어 놓았다

그것들, 돌의 단단한 언저리에
일정한 햇살로 살랑거릴 뿐

돌의 틈에서 흐르는 냉기
데울 수도, 피할 수도 없었다

겹눈의 이정표

견고함이 사라지는 지점을 꿈꾼다
투명한 겹눈의 불안한 곤충처럼
느림을 버린 빵을 구한 시간들
벗어나려는 발목은 위태롭고

시간, 빛의 변화 그리고 이미지
오래 바라본 모네처럼

본래 고정된 색이 없는 걸
빛이 투영된 루앙 성당, 수련들
화폭에 담아 보여주었지

단단하고 흔들림 없는 이름에
균열을 내는 겹눈의 시선

어둔 숲을 비추는 푸른 달빛에
젖은 날개로 닿으려는 듯

그것만이, 불길한 생물에게
이정표라도 되는 양

광합성

닭 한 마리 자르는 데 몇 초면 될 것 같아? 리즈 시절 디자이너를 꿈꿨던 그녀가 묻고 답한다 60초 아니 30초면 돼, 음지의 잎이 안간힘으로 방향을 바꾸어도 광합성은 할 수 없었어 모래주머니 차고 묵묵히 뛰어온 길 오늘은 무슨 배짱인지 작업장을 유유히 빠져 나왔지 기계음에 잘려나가는 건 닭만이 아니었어 골목 고양이 쮸리는 온종일 햇빛 아래 뒹굴 거리다가 잠자리에 들고 우리의 하루는 일속에 뒹굴거리다가 잠에 빠졌지 노동은 우리를 어디로도 데려가지 못하고, 아직 남은 힘이 있다면 분산하고 싶지 않았지 이곳을 완주하려면

그늘이 짙어지면

햇살을 끌어당긴 나뭇잎
빛을 받은 만큼 그늘은 짙고

나는 아무것도 아니다
동시에 나는 모든 것이다
말하는 사원의 교리는

저녁 종소리를 데리고 고립 속
일몰의 아파트로 돌아온다

고독사한 중년 남자의 집 앞
비밀을 간직한 주민들이
발소리를 낮추며 지나간다

빛의 진원지에 가까울수록
깊어지는 그늘은
보이지 않는 신성이라도 깨울까

순수한 빛에의 갈망은
인류에게 꼬리뼈의 흔적 같은 것

나는 모든 것일 수 없고
더군다나 그 무엇도 아니라는
불도장이 명치끝에 닿는다

그럴 때, 없는 듯 곁에 있는
고요한 햇살이 온기를 데운다

그곳에

접어둔 지도를 펼친다
그곳에 무엇이 남아 있을 것 같아

보이지 않게 몸집을 키운 새의 날개라도

불시착한 장소는 익숙해지지 않고
잠에서 깨어난 아침이면
어김없이 드러나는 검은 사면의 벽

바람은 불지 않고, 매일
과한 일조량으로 목이 말랐다

껍질만으로도 생은
지속될 수 있었고
외피는 자꾸 두꺼워져갔다

존 바에즈, 엘피 레코드판
누렇게 먼지 쌓인 전환시대 논리

변색된 기억 또한 그곳의 전리품이다

잠시 지나가는 줄 알았는데

시력을 잃고 나서야
해저 깊이 손 뻗어 더듬으면
뻘 입자들 풀풀 일어나는

그것들, 뿌리이자 출발지였던

손을 내밀다

죽을힘을 다해 꽃 피우려 하다니
그건 가난한 일이었는데

무시한 채, 건너뛴 발바닥 아래

얼굴이 뭉개진 하찮아진 무늬들
함부로 묻힌 옹기종기 흰 뼈들

짧은 햇살과 찔레꽃 방치한
마당은 텅 빈 헛간이 되어간다

햇살과 그늘을 숨 쉬는 동안
날씨는 얼마나 많은 습기를 품어왔나

고무나무 잎 천진한 햇살
잠시 놀다 간 뒤

구석에 뭉친 먼지처럼
꼬리만 남기고 사라진 풍경들

형체 잃은 무늬를 발굴하는 일
살아 있는 한, 바람처럼
일어나는 마음이어서

유폐된 말

풍경은 시간 속에 씨처럼 박혀 있다

달력에서 사라진 날짜를 떠올리는 건
걸어 온 길의 배후를 알고 싶어서다

눈부신 정오에 이미 늙어버린 발걸음
유폐된 말을 눌러 찍으며
부러진 고사목 아래를 희끗희끗 건널 때

쉼 없이 모양을 바꾸는
구름, 감정, 눈발

눈 쌓인 나무를 흔드는 바람 소리
침묵을 대신한 거친 호흡들
눈 덮인 산을 넘는다

그 겨울의 달력을 뜯어낸 뒤
물속을 걷듯 감각도 없이
텅 빈 숲길을 걸어온 걸음

이정표 없는 먹먹한 발걸음들
여전히 겨울 산장에서 뒤척이고

검고 고단한 얼굴 몇이
풍경의 달력을 넘긴다

안부를 묻지 않는

잠자리는 푸른 잔디 위를
송사리 떼로 몰려다닌다

읽히지 않는 책이 많아지고
터진 바늘땀을 수선하는 계절

두께로 얼어붙은 호수의
물속 표정을 읽을 순 없었지

순한 두 귀를 모으고
엄지 척을 세워 보이던 날들

계절이 하나뿐인 나라에
살고 싶은 적도 있었지

아랑곳없이 살얼음 위만 걷던
널 지켜보던 뜨거움

더 이상 안부를 묻지 않는
내일이 결빙되고

적막한 숲속 둥지에
딱따구리 저 혼자 부지런하다

등대

바다 건너 오래된 돌집
뼛속까지 스며드는 혹한의 겨울
하얗게 견디었구나

초록을 버린 들판의 바람
차가운 바다를 시나브로 데우듯
사춘기의 비망록에 적어둔 곰팡이 핀
반야를 좇아 홀로 걸어왔구나

아무것도 아니어도 좋고
무엇이 되지 않아도 이미 충분한

오래 공들인 너만의 호흡법
여행객의 마음을 신비하게 사로잡았지

해진 신발이 찍어놓은 문양과
네 안으로 흘러든 푸른 바다 향기

글썽임만으로 반짝이는 너는
고요한 바다 위에 수없이 잔금을 긋는다

무표정한 어둠

따뜻한 햇살 무덤가에
물까치가 논다

어디로 갔을까 엄마의 품속

바람이 나무의 뿌리를
사정없이 흔든다

뾰족하게 찌르는 혈연의 기억
상처는 마음을 무너뜨리고

나는 낡은 믿음을 버리기로 한다
흐려지는 풍경에 눈이 맵고

큰 줄기에서 툭 떨어진
낙엽 위의 애벌레 한 마리

그렁해진 눈을 감는다

역할 놀이

태어난 이래 단 한 번도
내 얼굴을 마주한 적이 없는 걸

본래의 얼굴이 있기라도 하나
얼굴 없는 얼굴로 잘 살아왔지

거울에 비친 익숙한 이번 생에 빌린 얼굴

살아가는 일이 고작
술병에 맞는 술맛을 만들 듯
얼굴에 맞는 배역을 받는 일이라니

영혼을 수선하기는 어려운 일

아무래도, 빌려 쓴 이미지로
어설픈 배역만 하다 가려나보다

3부

그때 우리, 무슨 짓을 한 거야

거품

구운 요리에 스며든 불 맛을 느끼듯
사람을 마주하면 마음을 읽게 되지

헤어져 돌아오는 길 끝내 허기진 만남
시간이 흐른 후에도 숙성되지 않는 술처럼

옛 기억만 데려온 꽃잎 같은 수다

얼음장 아래 흐르는 물소린 줄 알았는데
어느새 다가온 봄볕 때문인 줄 알았는데

안부를 묻지 않는 시간은 길어지고
안녕, 꽃봉오리 목대 꺾이는 소리

검색

아끼던 접시가 깨질까 두려웠지
식탁의 풍경을 엎고 싶은데 용기가 없고
가족식탁이 깨져버린 넌
가까스로 바닥을 짚고 일어선 뒤
포근한 새 수건처럼 웃었지

바닥이어도 나아갈 길은 있어요
더 이상 전화하지 말아요

가까워서 안심했던 거리
맞아본 사람이 주먹질한다 했던가

소금기 묻어나는 시간 흐른 뒤
과거로만 남은 현재의 널 검색했지

허물어진 벽 틈엔
기대할수록 차가워지던 완고함이
아직 큰 눈을 뜨고 있었지

그때 우리, 무슨 짓을 한 거야

잠정적 합의

저녁 식탁의 그릇들 금 가는 소리
허기진 소통이 지나간다

세상의 햇빛이 펼쳐놓은
새와 꽃의 이야기에
넋을 잃고 가까워진 탓인지도

디저트 접시에 담긴 고함소리는
불신이 키운 것이지만

결국, 벌레를 찾는 새의 뜨거움
꽃이 뿜어낸 어지러운 향기
탓이라고 잠정 합의한다

요란한 빛은 방심한 순간
짙은 그늘 드리우는 그런 날

하늘에 박힌 겨울나무
심장의 가는 핏줄 눈에 밟힌다

차가운 바람이 그늘을 밀어내고

닿을 수 없는 것에 기댄 하루
새들은 흔들림에 몸을 맡긴다

여행지의 산책

우리는 어디로든 가기로 한다
창밖 새소리 숲을 흔들고
푸른 바다 한눈에 들어오는

끼니엔 뭘 먹을까 고민하다가
새로운 풍경을 산책한다

영원히 집이 없는 거라면
이곳 여행자처럼 집을 떠메고 다닌들 어떠랴

딱히 돌아갈 집이 없어서인지
그들은 더 오래 머무르고 싶어한다

당분간은 견고할 예정인 집을 빌리고
소품을 가져와 꾸미고
햇살 드는 창가에서 요리를 먹거나 발톱을 깎기도 한다

온전한 집을 원하는 몇은 수염을 기르고
순례처럼 집을 찾아 나섰고
여행지 산책길에는 양팔을 앞뒤로 흔들며

경보로 걷는 사람들이 흘러다닌다

소식을 전해오는 순례자는
지금 머무는 곳이 집이라고 말하지만
누구도 인정하지 않았다
대부분 비릿한 욕망을 살찌우다 떠나갔다

여행지의 저녁 식탁에는
러시아가 우크라이나의 상공에 진공폭탄을 던졌다는 뉴스가
생선 트럭의 스피커마냥 흘러나온다

관계의 오독

긴 시간 마음껏 미워하지 못했지
잘근잘근 씹어버리고 싶은
가슴을 누르는 치욕 같은

줄넘기를 못해서일까 가볍고 사뿐하게

기대한다는 건
제 안의 거미줄 같은 희망
되돌아오는 독백 같은 것

인형 선물을 받기만 하는
응답 없는 애인이라니
조금 건방져도 좋을 뻔했지

그랬다면 내뱉는 말의 칼날에
가슴을 움켜쥐진 않았겠지

캄캄함 속에 혼자 일 때
빛이 아닌 손을 내밀어주기만 했어도

사실, 내 안의 치욕은

구멍 난 삶에서 새어나오는 바람 소리
단단한 문틈 사이의 울음소리
잠재울 수 없는 통한이었지

광장의 눈

느리게 피가 도는 광장의 하늘
화살 같은 바람이 운다

엊그제
광장의 쓰레기를 치우던 꽃들
강 아래 숨죽여 흐르던 수초들

촛불은 아직 고요하고
잠들지 못하는 밤은 길다

빈속으로 귀가하는 겨울새
둥지 위 태양은 매일
같은 크기의 얼굴을 내민다

도로를 물들이던 불꽃들
발을 잃고 마음을 잃어간다

두려움에 불을 붙이는
불끈 쥔 주먹들의 겨울

보이지 않는 광장에
촛불의 눈으로 남아 있다

얼룩진 웃음

휠체어에 실려 등교하는 아이들
두텁게 얼룩진 침 자국
바람 속에 썩은 콧물 냄새가 떠돈다

부모가 오지 않는 재활원 생활
생활교사와 잠을 자는 아이들

낮꿈에 불과한 생에 드리워진
위태로운 슬픔을 생각한다

등교하는 휠체어를 미는 시간
이곳의 낮꿈을 흔들어 깨운다

마비된 혀를 어렵게 내미는
중도중복장애 1급 은지의
입 안에 우유를 흘려 넣는다

제멋대로 뻗어 나온 두 손을
따뜻한 물수건으로 닦아준다

낮과 밤의 꿈에서 깨어 있는
자유로운 이는 누구인가

한나절, 은지에게 햇빛과 간식을 먹인다
살랑이는 초록 잎이 아프게 웃는다

체감 온도

마주앉아 자꾸 미간의 주름을 펴보인다 그간의 사정을 말하듯 허름한 옷 핼쑥한 얼굴, 고른 보행이 험한 길을 연다는 뻔한 생각을 한다 탁자 위 돌덩이 된 말들이 바닥에 구르고 체감 온도는 내려간다 퍼렇게 질린 설국의 풍경을 아름답다 말하는 그만의 현실 온도를 가늠해 본다 욕망의 크기와 비례했을 그의 길을 떠올리며 밤새 뒤척인다 꿈속의 그는 천진한 얼굴이다 피로 흥건한 두 발은 함께했던 연대의 기억을 소환하지만 먹먹한 통증이 먼저 반긴다 기상 예보는 더욱 얼어붙을 내일의 날씨를 예보하고, 난 누구의 탓도 아니라고 입술을 달싹인다

체리 향의 변증법

바람을 꾹꾹 눌러 넣은 풍선
우리는 마주보며 띄워 올렸지

체리를 함께 먹은 시간은
서로에게 씨처럼 단단해졌어

쟁반은 손에서 미끄러지고
체리 향은 흩어져 머물지 않고

반듯한 쟁반이 두려워졌네

어두워지자 풍선은 시들해지고
우린 불가능과 함께여서 슬펐지

물결의 반짝임만큼 짧은
머릿속 가득 체리 향의 달콤함

바다 눈빛

해가 떠 있는 쪽 바다는
온종일 금빛으로 일렁인다

뜨는 해, 지는 해
어느 것도 비추지 않는
모래밭이 수없이 무너진다

출렁이는 검푸른 생물이
비릿한 냄새 토해내는 시간

어둠은 살아나 수많은 눈빛을 낳는다
하늘과 바다 경계 없는 회색지대
연하고 슬픈 눈빛은 태어난다

해조음은 문밖을 서성이고
바다는 종일 제 안을 들여다본다

굴 껍질에 손가락을 베이듯
부드럽고 연한 것들이 지닌
단단한 외피를 생각한다

새해엔 새로운 해가 떠오른다는
기대는 늘 희망의 편에 줄을 세우고

뮤직 박스

숲은 검푸른 하늘과 맞닿아 있다
새끼 여우가 웅크리고 잠든
숲속 작은 동굴이 돈다

새끼 여우 눈에는 아침 해가
저녁 해를 굴리며 데려온다

감아 놓은 태엽이 풀릴 때까지
아침과 끼니와 저녁 해가
돌고 있는 줄도 모르는 채

구슬 속, 여우 울음 너머
은빛 가루 배경이 흘러내린다
밤하늘을 별빛으로 흐른다

태엽을 감는 커다란 손
하늘빛에 가려져 보이지 않는데

바위산 위의 여우가 운다
음악이 멈추면 박제된 장식이 될

흑백 풍경

빛을 받은 메타세콰이아
붉은 바람이 초록을 덧칠하는 오후

검은 우물 속, 반짝임도 없이
꺼내지 못한 빛깔이 출렁거렸지

그때, 내가 읽지 못한 나를
당신이 읽었을 리 없겠지만

물감이 풀리듯 흘러내리는 미련

얼어붙은 몸 안에 흘려 넣은
커피 향의 온기만 우리를 이어주었지

지나가는 바람
메타세콰이아 갈색 이파리
한 올 한 올 풀어낼 때마다

어리석음 안으로 가라앉는
지루한 마음의 흑백 풍경들

가벼운 꽃씨처럼

오늘 갈까 내일 갈까
조금 망설이다가
햇살 푸짐한 날 떠나기로 한다

좌선하듯 앉아 갈까
와불처럼 누워 갈까
잠시 고민하다가
편히 누워 가기로 한다

요란하게 배웅할 거 없지
화투꾼 상조 도우미도 없이

자식들 밥상에 도란도란 둘러앉아
문상객은 햇살 한 가득이면 되지

든든한 저녁 후 옆방 건너가듯
별 좋은 뒷마당 바람 쐬러 가듯

바짓단 툭툭 털며
건너가기 좋은 환한 날이다

4부

겨울 빛에 결을 내어주다

뒤집는 나뭇잎들

황사로 뒤덮인 창틈으로
소문이 흘러든다
가까운 곳, 먼 곳의 아픈 사람

주름진 팽나무 앞을 지날 때
그해 사월의 소식이 도착하고

집에 돌아가지 못한 아이에게
낮은 등 내어주던 팽나무
꾹꾹 누른 한, 하늘을 흐린다

등꽃의 꽃잎을 파고드는
한낮의 꿀벌이야
여전히 벌의 일생을 살아가지만

아이의 죽음을 실어 나른 물가
몸을 뒤집는 이파리들
아비의 뒷모습에 눈물이 그렁하다

먼 곳, 사람의 일이 가까워지고

아픈 곳에 마음이 옮겨가는
짓무른 초록들 흔들린다

그림자

특수학급 현장학습 가는 금요일 아침, 수빈이 지갑 속에는 교통카드 한 장, 가지런한 천원 권 다섯 장이 들어있다 간식 도시락에는 은박지로 싸서 구운 고구마 여섯 알과 껍질째 먹는 홍옥 여섯 조각, 오븐에 구워낸 초코빵 여섯 개가 있다 월요일 아침, 지적장애 1급 수빈이가 정갈하게 다림질한 흰 블라우스 입고 학교에 간다 보조 가방 안에는 보송하게 마른 수건 한 장, 향기 가득한 체육복 한 벌 들어있다 아이가 햇살이면 조용히 사라졌다가 아이가 그늘지면 빠르게 나타나는 그림자 하나 있다

서행할 때

어떤 서두름이 변고를 내었는지
차량들 일제히 서행하고

하늘을 배경 삼은 들녘의 바람
잠시 한 허공 거두어간다

중생대의 겅중한 티라노사우루스가
몇 걸음으로 올랐을 푸르스름한 능선

영원을 보여줄 듯 메타세콰이아
직선의 시간 거슬러 오른다

흐름과 고임이 한 물줄기 안에 있는
국도변 강물을 따라
차량은 함께 흐르며 서행한다

흐르는 몇은 방금 허공이 되어버린
한 영혼의 안위를 생각할지도

우기의 풀

녹아내리는 아스팔트 위
물기 품은 바람 몰아친다

해조음처럼 쓸려가는 차바퀴 소리
돌아갈 집 없는 검은 구름들

한껏 달궈진 놀이터의 모래는
오래 부르튼 사막의 맨발이다

소금 우는 소리로
쩡쩡 금 가는 소리들

유리창의 빗방울
일제히 한곳을 바라본다

이동하는 계절

얼굴 없는 얼굴들
고양이처럼 숨는 익명의 거리

체류 기간의 끝은 알 수 없고
놀이동산 같은 세계는 멈춤이다

탑승객이 떠나버린
커피숍, 헬스장, 학원가

불을 내린 불안한 밤
녹슨 기구들 버려진 거리
익숙해진 어둠이 흐른다

젖은 어둠을 말리는
세계의 변방 같은 고요 속

고립의 안도를 익히기도 전
새로운 역을 찾아 이동하는 계절

세상은 한결 순해질 수 있을까

명징한 바람

모래밭을 타박타박 걷다 보면
먼 곳 초록 배경들

얼굴을 바꾸며 흘러가고
걸음은 다른 길로 들어서지 못하고

빗줄기가 빗금을 긋고 지나가자
모래밭이 간직한 내력을 지우듯

어린 해바라기 성장통 같은
치명적인 마음의 그늘도
가을 산처럼 비어갈 때

조용히 귀 기울이면

허공을 건너는 긴 바람 소리
사막의 모래산 무너지는 소리

숲의 온기

황사에 뒤덮인 저녁 숲
가장 오래된 온기마저 사라진다

숲이 지닌 어둠이 술렁이고
찻물에 떠오르는 꿈을 건져낸다

상한 마음은 우려낼수록 어둠에 가깝다

방구석을 지키는 다듬잇돌 같은 남자
평생 허리 펴지 못하고 밥하는 여자

그 여자 바라보던 작은 손이
순한 눈을 훔치며 울던 마음

가슴을 내주던 온기 놓지 못해

봄날의 꽃잎 떠나보내려 해도
조금씩 입술 끝 떨려오고

겨울의 초입

회색 빌딩 외벽의 간판들
불빛이 하나, 둘 켜지고 있다

아직 오지 않은 어둠을 맞이하는
독거노인 주방의 흐린 등처럼

피부 관리사의 건조한 목소리가
마른 잎처럼 떨어지고

침대 위 누군가 벗어놓은
허물 위에 등을 포개어 눕는다

창밖 스산한 하늘빛에서
첫눈의 기미가 읽혀진다

외투를 여미고 총총 걷는 사람들
남천나무 위에 흰 눈이 쌓인다

바람에 겨워 멈추지 않는 희망
저울질하던 몸을 비우는 그림자

느닷없는 겨울 빛에 곁을 내어준다

전언들

사라진 후에 더 잘 보이지

마음을 분지르던 큰 방의 고함 소리
작아지기만 하던 그림자들

기억을 파 내려간 수직의 빗줄기가
여러 겹 골을 만든 땅
흙먼지 바람의 전언을 듣는다

고목나무 버팀목, 불길 속에
옛집 속절없이 내려앉았다고

저물녘 숲으로 깃든 새떼처럼

자꾸만 걸려 넘어지던
문턱의 기억만 남긴 채

백년 지나, 다시 찾은 자리인 듯

장독대 위를 둥글리는 눈송이

우물가 그늘 만드는 구름 몇 점

여전히 그곳을 다녀가곤 한다고

상림공원

숲이 지나온 세월을 지키려는 듯
비에 젖어 더욱 검은 줄참나무

서어나무에 제자리 내어주는
느티나무 연리목 앞을 지난다

자아로 가득한 살의 한가운데
뼛속 무게로 파고드는 동행이라니
저를 비우는 고통이 저러할까

갈참나무, 때죽나무 잎들
쏟아지는 소리에 숲은 가득하고

빈들에 어스름 내릴 즈음
젖은 하루 꼬들하게 물기를 버린다

반복된 희망을 소곤대는
시월 들판 볏잎의 수런거림
깊은 어둠 숲에 깃들고
바람은 들을 비우며 지나간다

이브 쿠에랑

하롱베이 항구에선 늘 습한 냄새가 났지
아버지 따라 방문한 식민지의 나라

가슴 뛰게 하는 어린 날의 향기
멀리서 불어오던 은은한 수선화 향기

비온 뒤, 정원의 향기 같았지

신비하고 몽롱한 이국의 기억 속
되돌리고 싶은 유년의 그리움

그는 기억의 향 유리병에 담아
이곳 허공에 풀어 놓았지

가슴을 찌르는 세계의 느낌
그 자리로 우리를 데려가는

백지 위에 옮긴 한 문장의 글처럼

향기를 들이다

집을 짓고 서재를 들인다
물안개 품은 앞산 소나무
푸른 능선이 하늘과 닿아 있다

풍경이 거실 안으로 들어온다

산속에 뿌리를 두고 왔을
거실 책상 고무나무도
풍경 안에 편히 자리 잡는다

창가 목련 잎을 건너는 빗소리
발바닥의 크기를 들키는 고요 속
먼 곳으로부터 이어진 바람은
가보지 않아 알 수 없는 곳의 향기다

졸음처럼 잡아당기는 중력 속에
가물가물 흩어져가는

가벼워지다 환해지는
소멸의 향기도 들인다

소읍의 시간

바람이 느티나무 이파리를 지나갈 뿐
행인 없는 도로에 고양이 울음이 배고프다
한 잔의 커피가 내려지는 시간
이 거리를 다녀간 발자국의 흔적을 쫓는다

칠이 벗겨진 상가의 낡은 간판들
금은방, 방앗간, 철물점…
이제는 배경이 되어버린 가게들

지나간 성업의 시절을 기억하는
옛 삶의 방식들 익숙하게
구부정한 가게 문을 열고 닫는다

희뿌옇게 김 서린 떡집 유리창
밖으로 새어나온 떡 냄새가
잠시 거리의 허기를 채워주지만

미세한 균열을 알고 있는 바람
느리게 읽히는 페이지를 펼쳐둔 채
무심히 이곳을 빠져나간다

기어이, 봄

빈 가지 무성한 잡목 숲 사이
겨울바람 빠져나가는 소리

제멋대로 뻗은 가지에
여리게 터져 나온 꽃망울

연두 이파리 하나 없이
줄기에서 솟구치는 저 빛

손톱만 한 연분홍 향기
겨울산 펑펑 울려 퍼진다

기어이 봄, 데려온다

■해설

낮은 목소리와 큰 공감의 언어

박 몽 구
(시인·문학평론가)

강한 어조로 큰 목소리를 내고 있지만 가슴에는 큰 울림으로 다가오지 않는 시들이 있는가 하면, 여리고 낮은 목소리를 지닌 시어들로 직조되어 있으면서도 왠지 깊은 여운과 함께 가슴에 큰 울림으로 다가오는 시가 있다. 박시영의 두 번째 시집 『거울의 바깥』에 모인 시들을 곰곰이 살펴 읽으면서 느끼는 것은 후자의 범주에 드는 시들이 적지 않다는 것이다. 이번 시집에서는 뿔이라도 난 듯 사특한 시어들은 찾아보기 어렵고, 잔잔한 일상사에서 견인한 제재들이 적지 않은데도 왠지 시인의 내면 깊은 곳에서 퍼 올린 샘물같이 머리를 맑게 해주는 힘이 있다. 소소한 일상에서 끌어올린 소재들이지만 시적 드라마는 단순하게 끝나지 않고, 표면으로 드러난 심상한 일이 아닌 사뭇 다른 현실을 절실하게 환기하는 힘을 지녔기 때문이다.

> 특수학급 현장학습 가는 금요일 아침, 수빈이 지갑 속에는 교통카드 한 장, 가지런한 천원 권 다섯 장이 들어 있다 간식 도시락에는 은박지로 싸서 구운 고구마 여섯 알과 껍질째 먹는 홍옥 여섯 조각, 오븐에 구워낸 초코빵 여섯 개가 있다 월요일 아침, 지적장애 1급 수빈이가 정갈하게 다림질한 흰 블라우스 입고 학교에 간다 보조 가방 안에는 보송하게 마른 수건 한 장, 향기 가득한 체육복 한 벌 들어있다 아이가 햇살이면 조용히 사라졌다가 아이가 그늘지면 빠르게 나타나는 그림자 하나 있다
>
> -「그림자」 전문

수채화처럼 맑고 신선한 그림이 펼쳐지는 작품이다. 시인이 오랫동안 특수학교 교사로 재직한 경험이 녹아 있는 작품이지만, 단순히 포근한 풍경을 들여다보는 것으로 그칠 수 없는 마음이 든다. '지갑 속에는 교통카드 한 장', '간식 도시락에 (든) 은박지로 싸서 구운 고구마 여섯 알', '정갈하게 다림질한 흰 블라우스' 등은 중학생 또래들이면 누구나 이루게 되는 삶의 풍경일 것이다. 하지만 화자는 읽는 이들에게 그 같은 목가적인 정경을 회상하도록 하는 데 의중을 두고 있지는 않다. 결구 부분에 '아이가 햇살이면 조용히 사라졌다가 아이가 그늘지면 빠르게 나타나는 그림자 하나 있다'라는 대목을 배치함으로써, 일반 학생들과 특수학교에 다니는 학생들 간의 물질적인 균형이 중요한 것이 아니라 우리 모

두의 따스한 관심과 사랑이 필요하다는 사유를 은근히 펼치고 있다. 즉, 무럭무럭 자라나는 아이들에게 그늘이 아니라 햇살을 마음껏 쏟아부어 우리가 모르는 사이에 '빠르게 나타나는 그림자'를 없애야 한다고 귀띔하고 있다. 화자의 목소리는 지극히 절제되어 있지만 우리들의 마음에 큰북을 두드리는 듯한 울림이 생기는 것은 그 때문일 것이다.

절실한 이미지로 내면을 풍부하게 그리다

같은 시적 공간을 가진 작품 「종이꽃」에도 그 같은 시인의 사유가 잘 배어 있다. '지루해진 오후 시간, 손톱으로 할퀴듯 머릿속에 피가 고이는 울음소리 복도까지 흥건해지고 나서야 해맑은 표정이 된다 … 엄마를 위한 골판지 꽃을 소중히 담아가는 소녀와 종이꽃을 하염없이 모으는 엄마'라는 대목에서 우리는 특수 학급의 현실이 남 아닌 우리 자신의 문제임을 절감한다. 특수 학급 아이들에게 필요한 것은 책을 통한 앎을 넘어선, 내 가족같이 대하는 마음가짐이라는 것을 화자는 '울음소리'와 '종이꽃'이라는 상반된 이미지로 제시하고 있다.

봄날이 급하게 떠나간다

미처 만져보지 못한 여리디여린
나무를 떠난 꽃잎들 잊혀지고

봄날은 꿈같은 한낮의 은유를
파스텔 톤으로 펼쳐 보인다

바람이 물결을 밀고
물결이 벚나무를 향해 달려오고
호수는 떠나는 꽃잎들 정갈하게 띄워준다

꽃 터널 속, 지나가는 승용차 뒤
남은 매연이 오래 꽃길을 떠돌 때

벌들의 군무가 잠시 멈추고
고요 속에 목 놓아 꽃비가 운다

꽃비 속에선 우산을 쓰지 않아도 젖지 않는다

터널의 끝, 오던 길 돌아보면
하늘빛이 먼 길을 열고 있다

-「한낮의 은유」 전문

잔잔하고 부드러운 톤을 지키면서도 할 말은 굽힘 없이 분명하게 담아내는 시법은 위의 시에서도 단단하게 견지된다. 화자는 첫 대목에 '봄날이 급하게 떠나간다'는 구절을 배치함으로써 언뜻 봄날이 짧게 마감되는 데 따른 아쉬움을 표현한 듯한 느낌을 준다. '미처 만져보지 못한 여리디여린… 꽃잎들' 나부끼고, '바람이 물결을 밀고 … 호수(가) 떠나는 꽃잎들 정갈하게 띄워'주는 풍경은 봄의 끝자락임을 나타낸다. 하지만 화자는 이 같은 시간의 변화가 아닌 다른 곳에 눈길이 가 있음을 넌지시 드러낸다. 즉 '꽃 터널 속, 지나가는 승용차 뒤/ 남은 매연이 오래 꽃길을 떠'도는 대치 국면을 제시해 놓는다. 이를 통해 화자는 봄을 마음껏 누리지 못하도록 막는 것은 서둘러 가는 시간이 아니라, 승용차가 내뿜는 매연임을 암시한다. 그 결과 '벌들의 군무가 멈추고/ 고요 속에 목 놓아 꽃비가' 우는 알레고리의 제시를 통해, 우리들의 봄을 빼앗아가는 것은 속도와 편리함을 끝없이 추구하는 인간의 욕망이라는 것을 환기한다. 그 같은 사유는 '꽃비 속에선 우산을 쓰지 않아도 젖지 않는다'는 사유로 확장되어, 살아 있는 자연은 인간을 포근하게 감싸면서 아름다운 세상을 만든다는 데 방점을 찍는다.

사춘기의 비망록에 적어둔 곰팡이 핀
반야를 좇아 홀로 걸어왔구나

아무것도 아니어도 좋고
무엇이 되지 않아도 이미 충분한

오래 공들인 너만의 호흡법
여행객의 마음을 신비하게 사로잡았지

해진 신발이 찍어놓은 문양과
네 안으로 흘러든 푸른 바다 향기

-「등대」 부분

전체를 아우르는 '등대' 이미지와 이를 뒷받침하는 몇 개의 방계 이미지를 제시하고 있는 위의 시에서도 화자의 세계관을 충분히 엿볼 수 있다. 등대는 비루한 오늘을 견디면서 밝고 열린 미래로 나아가고픈 희망을 상징한다. 위 시에 제시된 '바다', '사춘기의 비망록' 등의 시어는 등대가 비추는 전망과 함께하고 있다. 화자는 뒷부분에 배치한 '해진 신발'이라는 상징어를 통하여 지난한 모색의 여정을 이어왔음을 드러내고 있다. 하지만 화자는 '아무것도 아니어도 좋고/무엇이 되지 않아도 이미 충분한'이라는 구절을 통하여 자신이 젊은 날 품었던 꿈을 세속에서 다 이루지 못했음을 밝히는 한편, 그렇다고 삶의 목표가 실패로 귀착되지는 않았음을 암시한다.

이 시에 제시된 '반야般若'는 불교 용어로 '온갖 분별과 망상에서 벗어나 존재의 참모습을 앎으로써 성불에 이르게 되는' 대승적 경지를 이른다. 이 같은 사유의 연장선상에서 화자는 부유와 빈곤, 앎과 무지 등의 분별을 넘어서서 스스럼없이 살아가는 일상이야말로 우리들의 마음을 사로잡는 '신비'임을 환기한다. 작은 것들에 대한 집착을 버리고, 있는 그대로의 생을 누려야겠다는 화자의 마음가짐이 절실하게 다가오는 작품이다. 박시영이 이번 시집에서 거두고 있는 시적 성과 가운데 하나도 이같이 직설을 넘어 환기력이 풍부한 이미지로 시인의 내면을 잘 갈무리하는 데 있다.

약자들에 대한 관심과 연대의식

이번 시집을 통해 박시영은 잔잔하고 부드러운 시 세계의 구축을 통해 무엇보다 경계심을 허물며 독자들에게 쉽게 다가간다. 하지만 시인의 시선은 그저 부드럽고 목가적인 풍경에만 머물지 않고, 그 같은 풍경에서 소외되어 있는 우리 사회의 국면 국면들에게 소소한 관심을 기울이고 시각을 맞춰 환하게 들여다본다. 시인은 공적 생활의 대부분을 특수학교 교사로 보낸 만큼 소외된 학생들에 대해 따스한 관심을 쏟아부을 뿐 아니라, 다문화 가족, 부당한 대우를 받는 여성 노동자, 성적 소수자 등 사회적 약자들에게도 관심의 눈길을 넓혀가고 있음을 살펴볼 수 있다.

그의 시 속 퍼소나는 세상에 갓 나가 어려움을 겪는 아이를 보면, 자신이 당면한 어려움을 잊은 채 먼저 돌보는 코라(Chola)적 모성을 체현한다. 일신의 안녕에 앞서 사회적 약자들을 먼저 배려하는 정신이 깊게 배어 있다.

> 한 생이 다하도록
> 웅크린 자세를 풀지 못하는
> 우주 속 태아처럼

시간이 흐른 뒤에도 가려진
대물림되는 허기 속에서 아이들은
이방의 눈빛을 학습하는 줄도 몰랐다

반복되는 노역이 쌓아 올린
모래탑의 정상을 바라보며
몇 권의 식량을 담아 도서관으로 향했다

(중략)

그들은 서로에게서 총상의 흔적을
함께 견딘 금남로의 눈빛을 나누었다

골목의 시간들은 느리게 지나갔고
힐링이 필요한 허기진 도시에
흰 눈은 소리도 없이 쌓이고 있었다

-「이방의 눈빛으로 남아」 부분

비가 내린다

이국의 경작지에 몸을 부린
이어링이 빛나는 외국인 노동자

식료품 가득 담은 비닐봉지
오토바이에 싣고 달린다

소소한 행복이 봉인된 희망을 꿈꾼다

매트릭스에 갇혀 서로의 가시에
수없이 찔려온 늙은 내국인 노동자

비가 오는데 낙엽처럼 젖고 있다

낯선 그들은 서로 닮아 있다
이곳에 안정된 정착을 꿈꿨다는 것

처음부터 도착할 곳이 없음을
빈 손바닥 펴 확인하는 자리

어딘가에 소속된다는 건
한정된 목적지를 함께 향한다는 것

비는 오는데 젖은 꽃들 어디로 가지

-「젖은 꽃」 전문

소외라는 카테고리에 담을 만한 두 편의 시를 골라 보았다. 앞의 시는 우리 사회에 깊이 뿌리 박혀 있는 계층 간 갈등의 문제를 다루고 있다. 화자는 앞부분에서 '한 생이 다하도록/ 웅크린 자세를 풀지 못하는/ 우주 속 태아'라는 말로 시적 화자가 처한 상황을 분명히 하고 있는데, 아무리 온 힘을 다해 노력한다고 하더라도 개인의 삶은 태생적 한계를 벗어나지 못한다는 인식을 담아낸다. 나아가 화자는 '시간이 흐른 뒤에도 가려진/ 대물림되는 허기 속에서 아이들은/ 이방의 눈빛을 학습하는 줄도 몰랐다'고 언술함으로써 개개인의 지난한 몸부림에도 불구하고, 여전히 우리 사회 속에서 '이방(인)'으로 살아갈 수밖에 없는 계층이 엄존한다는 사실을 환기하고 있다.

화자는 개인의 갖은 노력에도 불구하고 달라지지 않는 삶의 토대를 가리켜 '반복되는 노역이 쌓아 올린/ 모래탑의 정상'이라는 알레고리를 제시한다. '모래탑'이라는 상징어를 통해 겉으로는 그럴듯하지만, 정상에 달하는 순간 다시 와르르 무너지고 마는 시지포스와 같은 운명을 상기시킨다. 나아가 화자는 '그들은 서로에게서 총상의 흔적을/ 함께 견딘 금남로의 눈빛을 나누었다'는 구절을 통하여, 화자가 몸담고 살아가는 광주가 안은 비극을 '총상의 흔적'이라는 말로 상징하는 한편, 그 같은 역사의 비극을 이기는 길은 이타적 모성애의 실천을 통해 함께 상처를 어루만지며 견디는 일이라는 점을 뭉클하게 환기한다.

뒤에 든 시에서는 화자의 시각이 우리 사회에서 부박하게 살아가는 이주 노동자들에게까지 확대된다. 화자는 첫 대목에 '이국의 경작지에 몸을 부린/ 이어링이 빛나는 외국인 노동자// 식료품 가득 담은 비닐봉지/ 오토바이에 싣고 달린다'는 알레고리를 제시함으로써, 외국인 노동자들이 일시적 체류를 넘어 우리 사회에서 '소소한 행복'을 꿈꾸며 살아가는 모습을 환기하고 있다. 이어지는 대목에서 '매트릭스에 갇혀 서로의 가시에/ 수없이 찔려온 늙은 내국인 노동자// 비가 오는데 낙엽처럼 젖고 있다'고 그럼으로써, 우리 사회에서 표류하는 외국인 노동자와 저임금과 불완전한 고용에 시달리는 우리 노동자들의 운명이 '낯(설지만) 닮아 있'음을 잘 보여준다. 나아가 그들은 하나같이 '안정된 정착을 꿈'꾸고 있지만 '처음부터 도착할 곳이 없'는 현실을 슬픈 눈으로 바라본다. 화자는 결구 부분에 '빈 손바닥', '한정된 목적지' 등의 상징어를 배치하여 외국인 노동자들이며 안정된 일자리를 확보하지 못하고 이리저리 옮겨 다니는 비정규직 노동자의 현실을 함께 아파하면서, 우리 사회가 그들에게 넓은 품을 내주어야 한다는 사유를 함축해 놓고 있다.

함께 지켜야 할 생태에 주목하다

이와 함께 이번 시집에서 주목이 가는 박시영의 시적 관심사 가운데 하나는 무릇 생명들이 함께 아름다운 환경에서 살면서 생의 기쁨을 누리는 게 마땅하다는 생태적 사유이다. 여기에는 물질문명이 제아무리 눈부시게 발달하고 사람살이가 편해져도, 아름다운 자연을 지키고 무릇 생명들이 삶을 누릴 가치는 존중받아야 한다는 사유가 곡진하게 깃들어 있다.

우리에 갇힌 짐승의 냄새가
유령처럼 마을을 점령한 곳

빈 마을 지붕이 검붉게 그을린다

쉬이 닿지 않은 빛의 하늘
수천 파도의 얼굴을 지닌 바다

그 둘이 맞닿은 곳으로
배를 내어 밀어 본다

꿈속에서 꿈을 꾸는 시간
땅을 짓던 사람들 떠나간 자리

절정의 아름다움도
가장 무심한 순간임을 은유하듯

수평선은 반복해 무너지고
사무치는 노을 울혈을 토해낸다

수평선 지나 하늘빛 받으며
배 들어오는 꿈 놓지 않는다

붉은 울음 받아낸 물결
잔잔해질 때까지

-「붉은 울음」 전문

주민들이 몇 사람 살지 않는 바닷가 마을을 시적 공간으로 삼고 있는 작품이다. 화자는 첫 대목에서 '우리에 갇힌 짐승의 냄새가/ 유령처럼 마을을 점령한 곳// 빈 마을 지붕이 검붉게 그을린다'라는 대조적인 장면을 제시함으로써, 마을은 비어 있는 가운데 돈이 되는 짐승들을 우리에 가두어 기르는 사육의 현실을 그린다. 사람과 가축이 어울려 살아가는 목가적인 풍경이 아닌, 오직 상업적 동기만이 개입된 농어촌의 현실을 가슴 아프게 바라보고 있는 화자의 슬픈 눈이 보이는 작품이다. 화자는 전개 부분에 '땅을 짓던 사람들 떠나간 자리/ 절정의 아름다움도/ 가장 무심한 순간임을 은유하듯// 수평선은 반복해 무너지고/ 사무치는 노을 울혈을 토해낸다'고 묘사함으로써 고즈넉한 시골 풍경을 넘어 반생명적인 현실이 엄존해 있는 살풍경을 현시해 보인다. '수평선'과 울혈 토해내는 노을은 그 같은 겉과 속이 다른 현실을 잘 반영한다.

낡은 거울을 오래 닦은 후에 안다

살아 있는 줄만 알았던 시간
어린 날 해마다 조사하던 장래 희망
연필은 많이도 서성거렸지

견고한 태양 쪽으로 줄 서는 일
끝없이 불씨를 살리는 차가운 걸음이었다

깨진 거울 속에 펼쳐진
풍경의 균열 사이로
강과 바다에서 동그랗게 자라난
오래된 어둠 물안개로 퍼져나갔다

비를 피하는 우리의 시간은
꿈의 날개가 부려놓고 앞서간
해진 신발이 뿌려놓은 씨앗들
질척한 땅 깊숙이 죽은 듯 엎드렸을 뿐

어느 때인가 깊은 물이 침묵에 이르듯
우산 아래 흩어져간 빗물로 걷는 길
촉촉한 대지는 연둣빛 풍경 피워 올리고

낡아서 맑아진 얼굴 하나
긴 겨울의 슬픔이 얼려놓은 강을 두드려
수줍고 단단해진 근육으로
오고가는 계절 초록이 주름지는

-「거울의 바깥에서」 전문

시집의 표제작이기도 한 작품이다. 화자는 '거울'을 매개로 하여 어릴 적 자신과 오늘의 자신을 대비해 보인다. '낡은 거울' 속의 화자는 아마도 큰 희망에 부풀어 있던 소녀였던 것 같다. 해마다 조사 차트에 연필로 장래 희망을 적어 넣으며, '견고한 태양 쪽으로 줄 서(서) 끝없이 불씨를 살리'는 도전적인 소녀가 그려진다. 이어지는 대목에서 화자는 어른이 된 자신을 '깨진 거울'로 비유한다. 어느덧 훌쩍 커버린 소녀는 '꿈의 날개가 부려놓고 앞서간/ 해진 신발이 뿌려놓은 씨앗들/ 질척한 땅 깊숙이 죽은 듯 엎드렸을 뿐'이라고 묘사함으로써 어린 날 꿈꾸던 것들이 비에 젖어 있을 뿐인 현실을 투시한다. '(부러진) 꿈의 날개', '해진 신발', '질척한 땅', '죽은 듯 엎드렸을 뿐' 등의 시어는 겉으로 풍부한 물질, 현실적인 성취에도 불구하고 여전히 소녀가 꿈꾸던 것과는 정반대로 펼쳐진 삶을 환유하는 시어들이다. 화자는 결구 부분에 '긴 겨울의 슬픔이 얼려놓은 강을 두드려/ 수줍고 단단해진 근육으로/ 오고가는 계절 초록이 주름지는'이라는 구절을 배치한다. 이를 통해 바로 앞에 선보인 '연둣빛 풍경'과 더불어 꿈이 얼어붙은 긴 겨울을 건너 '초록'이 물결치는 세계로 진입해야 한다고 힘주어 말한다. 깨진 거울이 아닌 낡은 거울 속 자연과 함께 생명이 활짝 날개를 펴는 세계를 이룩하는 것이야말로 참다운 사람살이의 목적지라는 것을 암시한다.

그 같은 사유는 여러 편의 시들을 통해서 더욱 구체적으로 펼쳐진다. 현시점에서의 눈부신 성취가 아닌 태초의 꿈, 따스한 눈길을 주고받는 이웃, 아름다운 자연과 함께 스스럼없이 어울려 사는 일이야말로 우리네 삶의 궁극의 목표라는 사실을 환기하는 시편을 시집의 여러 곳에서 찾아볼 수 있다.

집을 짓고 서재를 들인다

물안개 품은 앞산 소나무
푸른 능선이 하늘과 닿아 있다

풍경이 거실 안으로 들어온다

산속에 뿌리를 두고 왔을
거실 책상 고무나무도
풍경 안에 편히 자리 잡는다

(중략)

가벼워지다 환해지는
소멸의 향기도 들인다

-「향기를 들이다」 전문

위의 시에서 집을 짓는 일은 거대한 콘크리트를 쏟아붓거나 튀밥 튀기듯 값이 올라가는 아파트를 짓는 일이 아니다. 집은 화자의 정신적 거처를 상징하면서 '물안개 품은 앞산 소나무/ 푸른 능선이 하늘과 닿아 있'고 '풍경이 거실 안으로 들어'오듯 자연과 어울려 살아가는 요람이다. 대를 이어 물려줄 부를 쌓는 일이 아니라 '가벼워지다 환해지'고 '소멸의 향기도 들'이는 일이다. 물질이 만연된 시대에 제정신을 가진 사람이라면 반드시 귀감으로 삼아야 할 덕목을 집

약하고 있는 작품이다.

접어둔 지도를 펼친다
그곳에 무엇이 남아 있을 것 같아

(중략)

존 바에즈, 엘피 레코드판
누렇게 먼지 쌓인 전환시대 논리

변색된 기억 또한 그곳의 전리품이다
잠시 지나가는 줄 알았는데

시력을 잃고 나서야
해저 깊이 손 뻗어 더듬으면
뻘 입자들 풀풀 일어나는

그것들, 뿌리이자 출발지였던

-「그곳에」 부분

아마도 넓은 세계에 눈뜨는 시작점이라고 볼 수 있는 '그곳'에서 화자가 만났던 '존 바에즈, 엘피 레코드판/ 누렇게 먼지 쌓인 전환시대 논리'는 시간이 많이 흘렀음에도 불구하고 여전히 어둠을 걷고 화자를 넓고 환한 세계로 이끄는 동반자임을 말해준다. 그것은 겉보기에는 '변색된 기억'일 뿐이지만, '시력을 잃고 나서'도 '손 뻗어 더듬으면/ 입자들 풀

풀 일어나는// 뿌리이자 출발지'이다. 값나가는 물질에 대한 소유, 입신출세를 넘어 어둠과 비밀에 묻힌 세계를 제대로 파악하는 눈을 갖는 것이야말로 우리가 꿈꿔야 할 일임을 환기해 주는 작품이다.

쉼 없이 모양을 바꾸는
구름, 감정, 눈발

눈 쌓인 나무를 흔드는 바람 소리
침묵을 대신한 거친 호흡들
눈 덮인 산을 넘는다

그 겨울의 달력을 뜯어낸 뒤
물속을 걷듯 감각도 없이
텅 빈 숲길을 걸어온 걸음

이정표 없는 먹먹한 발걸음들
여전히 겨울 산장에서 뒤척이고

검고 고단한 얼굴 몇이
풍경의 달력을 넘긴다

-「유폐된 말」 부분

느리게 피가 도는 광장의 하늘
화살 같은 바람이 운다

엇그제
광장의 쓰레기를 치우던 꽃들
강 아래 숨죽여 흐르던 수초들

촛불은 아직 고요하고
잠들지 못하는 밤은 길다

빈속으로 귀가하는 겨울새
둥지 위 태양은 매일
같은 크기의 얼굴을 내민다

도로를 물들이던 불꽃들
발을 잃고 마음을 잃어간다

두려움에 불을 붙이는
불끈 쥔 주먹들의 겨울

보이지 않는 광장에
촛불의 눈으로 남아 있다

-「광장의 눈」 전문

박시영의 시적 모색의 지향점이라고 보아도 좋을 두 편의 작품을 골라 보았다. 앞에 든 시에서 화자는 '쉼 없이 모양을 바꾸는/ 구름, 감정, 눈발'이라는 대목을 통하여 화자는 자신이 고립에서 벗어나 끊임없이 대승적 화해의 세계로 나아가고 있음을 드러낸다. '침묵을 대신한 거친 호흡들/ 눈 덮인 산을 넘는다', '물속을 걷듯 감각도 없이/ 텅 빈 숲길을 걸어온 걸음', '이정표 없는 먹먹한 발걸음' 등의 알레고리는 자신을 압박해 오는 온갖 어려움을 딛고 대동의 세계로 나아가고 있음을 보여준다. 화자는 '검고 고단한 얼굴 몇이/ 풍경의 달력을 넘긴다'라고 결구함으로써, '달력'으로 상징되는 시간의 벽을 넘어 마침내 그 같은 세계로 진입하고자 하는 마음가짐을 담아낸다.

뒤의 시에는 그 같은 화자의 열망을 담아 작은 촛불을 들고 마침내 광장에 선 자신을 그린다. 화자는 '느리게 피가 도는 광장의 하늘/ 화살 같은 바람이 운다'는 명제를 첫 대목에 제시함으로써 다 함께 만나는 대동세계로서의 광장을 갖기가 얼마나 어려운 일인가를 암시한다. '느리게 피가 돈다', '화살 같은 바람이 운다'는 구절은 광장에 진입하는 걸음은 느린 가운데 피바람마저 동반하는 것이며 때로는 심장에 꽂히는 화살의 저항에도 부딪쳐야 한다는 사유를 펼친다. '도로를 물들이던 불꽃들/ 발을 잃고 마음을 잃어간다' 것은 광장으로 가는 길을 차지하기 위한 각축과 자칫 그 길에서 낙오될 수도 있다는 경구이다. 화자는 결구에 '두려움에 불을 붙이는/ 불끈 쥔 주먹들의 겨울// 보이지 않는 광장에/ 촛불의 눈으로 남아 있다'고 언술함으로써 두려움을 이기고 비록 보이지 않더라도 작은 촛불 하나하나가 모여 새벽을 밝힌다는 사유를 갈무리하고 있다.

이제까지 박시영의 두 번째 시집이 구축하고 있는 시들의 이모저모를 살펴보았다. 이번 시집에서 박시영은 화려하고 시끄러운 문명에 잔잔하면서도 고요한 자연을 내세움으로써 사람살이의 덕목은 모름지기 소소하고 친자연적인 데서 행복을 찾는 것으로 바뀌어야 한다는 점을 힘주어 환기하고 있다. 잘나고 그럴듯한 사람살이가 아닌 우리 사회의 한구석 그늘에서 살아가는 비정규직 노동자, 외국인 노동자들에게 따스한 시선을 비춤으로써 약자들과 더불어 살아가는 일이 얼마나 소중한가를 은근히 말해준다.

나아가, 어린 시절 꾸었던 소박한 꿈에 대한 회상, 무소유를 지향하는 집 옮기기와 살아 있는 자연 지키기 등의 사유를 통해 개발의 연대 못지않게 아름다운 생태 지키기가 얼마나 값진 일인가를 절실하게 환기한다.

그는 이 같은 메시지를 결코 높은 목소리나 생경한 소재를 통하기보다 명징한 이미지를 동반한 주변 소재, 소재들의 숨어 있는 모습 드러내기 등을 통해 전하고 있다. 문제는 겉으로 잔잔하고 소박한 것들이 독자의 내면에 들어오면 큰 반향을 일으킨다는 점이다. 이 같은 그의 조용하면서도 내면적 반향을 일으키는 시법은 때로는 의미를 종잡을 수 없이 착종되어 있고, 자칫 목소리가 커지기에 십상인 우리 시를 반성하며 돌아보는 계기가 될 것으로 보인다. 그의 시 세계가 더욱 깊이를 더하여 우리 시의 오롯한 일가를 이루기 바라면서 조촐한 논의를 마친다.

거울의 바깥

찍은날 2022년 8월 10일
펴낸날 2022년 8월 15일
지은이 박시영
펴낸이 박몽구
펴낸곳 도서출판 시와문화
주 소 13955 경기 안양시 동안구 경수대로883번길 33,
103동 204호(비산동, 꿈에그린아파트)
전 화 (031)452-4992
E-mail poetpak@naver.com
등록번호 제2007-000005호(2007년 2월 13일)
ISBN 978-89-94833-82-8(03810)

정 가 12,000원

*이 책은 광주광역시 GWANGJU CITY 광주문화재단 Gwangju Cultural Foundation 의 2022년도 지역문화예술 육성사업 지원을 받아 발간되었습니다.